佐佐木哩咧供蝦毀

佐佐木news愛台報導

【義氣相挺 人氣推薦 ①】

細微又可愛 ◎國際知名插畫家 Cherng

很喜歡佐佐木每次細微又可愛的切入點

都能巧妙發現台灣人平時沒察覺到的有趣現象

看佐佐木的作品都有莫名的療癒感

很感謝你愛著台灣♡(台日友好)

榮幸推薦給大家，我好朋友佐佐木的新書：

《佐佐木哩咧供蝦毀：佐佐木news愛台報導》

cherng 2022.

【義氣相挺 人氣推薦 ②】

史上最療癒 ◎漫畫家葉明軒

網路上一開始出現了「佐佐木 news」的漫畫，
我瞬間就成為了佐佐木的粉絲，一則貼文都沒有錯過！

她以日本人在台灣的角度，讓大家了解台灣與日本在文化上的各種差異和趣味，特別是人物角色可愛又軟 Q（爆），畫風簡單閱讀起來沒有壓力卻又富含美感，看佐佐木的漫畫成為了我上網最療癒的事情之一。

在每天被各種繁雜事搞得情緒暴躁的現代生活壓力之下，佐佐木 news 讓我們學習如何用愉悅的心情來看待台灣各種日常生活小事、體會到平凡生活的美好。現在有實體書更是能隨時翻閱了，不用再手機滑半天找不到之前覺得可愛的橋段，謝謝妳佐佐木！

【義氣相挺 人氣推薦 ③】

連誤會也變得很可愛 ◎圖文作家茶茶丸

一直都默默關注佐佐木的作品

很榮幸這次有機會能夠向大家

推薦佐佐木的新書

《佐佐木哩咧供蝦毀:佐佐木news愛台報導》

很喜歡看佐佐木用可愛又生動的畫風

來分享她日常生活當中的趣事

尤其是書中一些因為語言產生誤會的地方

真的非常有意思~大家一定要看看

委內瑞拉人
(水豚)
香港人
(白海豚)
宏都拉斯人
(鳥)
宇宙人

可能 登場人物

2

目 錄
CONTENTS

4

佐佐木的感覺 115

Q & A

目 錄
CONTENTS

3
佐佐木吃什麼？

【番外篇】

1
佐佐木
去哪裡？

記得我和台灣的第一次相遇……

很久很久以前，
在日本瘋台灣前，
還是學生的我，
每天就是上課、睡覺、
上課、睡覺……

←

所以我在學校，
沒有學到「台灣」。

幾年後，
看到「王心凌」
開始對台灣有興趣。

同時決定去英國留學。

在英國
我終於遇到「台灣人」。

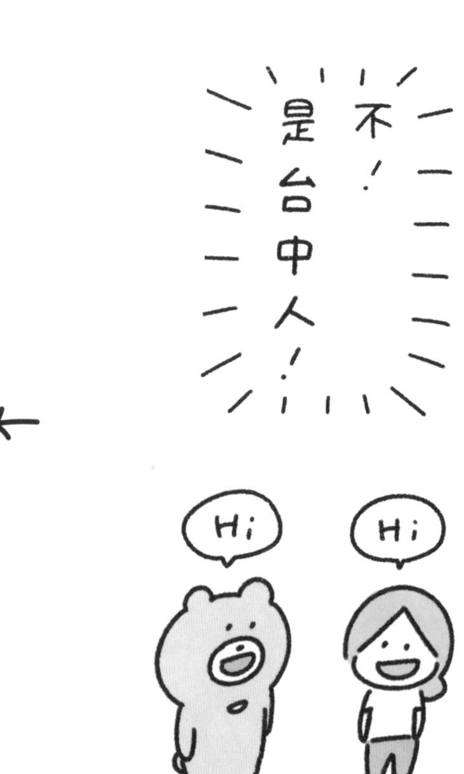

我在英國
認識很多台中人。

有一天，
朋友給我王心凌的歌詞。

←

因為大家都太親切了，
我開始懷疑朋友們……
（但其實大家人真的很好。）

在英國跟台灣朋友
去旅遊時，
在火車上
認識一對台灣夫婦。

這是我
人生第一次
學到的台語。

旅遊時，
因為朋友都說中文，
不開心的我叫她們講英文。
現在，
我住在台灣，
天天都用中文，
人生真的無法預測。

佐佐木 vs. 海關

海關
妳為什麼在台灣工作？
因為我喜歡台灣。
可是日本的薪水比台灣高、為什麼？
不能入境嗎？
……因為我喜歡台灣……。
台灣人喜歡去日本工作、妳為什麼在台……
因為我喜歡台灣！

日本旅行①

日本旅行②

我終於去北海道！
要好好研究！

北海道
おすすめ
車なし
觀光スポット
グルメ
……找不到想要的資訊。
啊

北海道
沒有車子 推薦
美食 觀光地點
有了～！
關於日本旅遊、還是台灣人最了解！

誤會

日本觀光客！……他們好像迷路了？

あの——……どこ行くんですか？
（你們去哪？）

〇×へ……

楽しんで下さい！
（玩得愉快！）

はーい

謝謝！

しーん
!?

難道他們以為我是台灣人!?

中文書

名字

卡哇伊

屁啦

藍白拖

鬼島

妳覺得台灣是「鬼島」嗎？

是

台灣是鬼島。

來台灣一次就會喜歡上台灣、離不開。

去哪裡也都很美……

台灣人也很可怕……！怎麼大家人都那麼好。

還有吃東西！讓我上癮！！

台灣真的是鬼島！怕！

在台灣心動的一瞬

第3名
不經意地把我推到馬路內側。
妳走這邊！

第2名
禮讓行人
真好人！
謝謝！

第1名
"6"的手勢
（沒有人同意我）
帥！
6顆！
日本的6
或
※有可能有其他的

很嚴肅的日本人

在美容院
我們認識時我不知道妳會講中文吧？
嗯

我還以為妳是很嚴肅的日本人！
好笑吧～
洗頭嘍。

沒錯！我就是很嚴肅的日本人！
太晚了啦。

工作

日本朋友來台灣旅遊時
佐佐木……台灣人什麼時候上班？
え！

我這幾天有觀察、好像很少人穿套裝！
很多日本人上班時會穿、

在台灣很多工作、上班時不用穿！
雖然還是要看工作
原來如此！好好喔～！
很棒吧！

佐佐木的週末

佐佐木～妳週末去哪？
週末……

去中正紀念堂、迪化街、台北101、寧夏夜市……然後吃小籠包、
妳……！

日本朋友來台灣旅遊了吧！
嗯
好玩是好玩……

臭豆腐

觀光客

印象

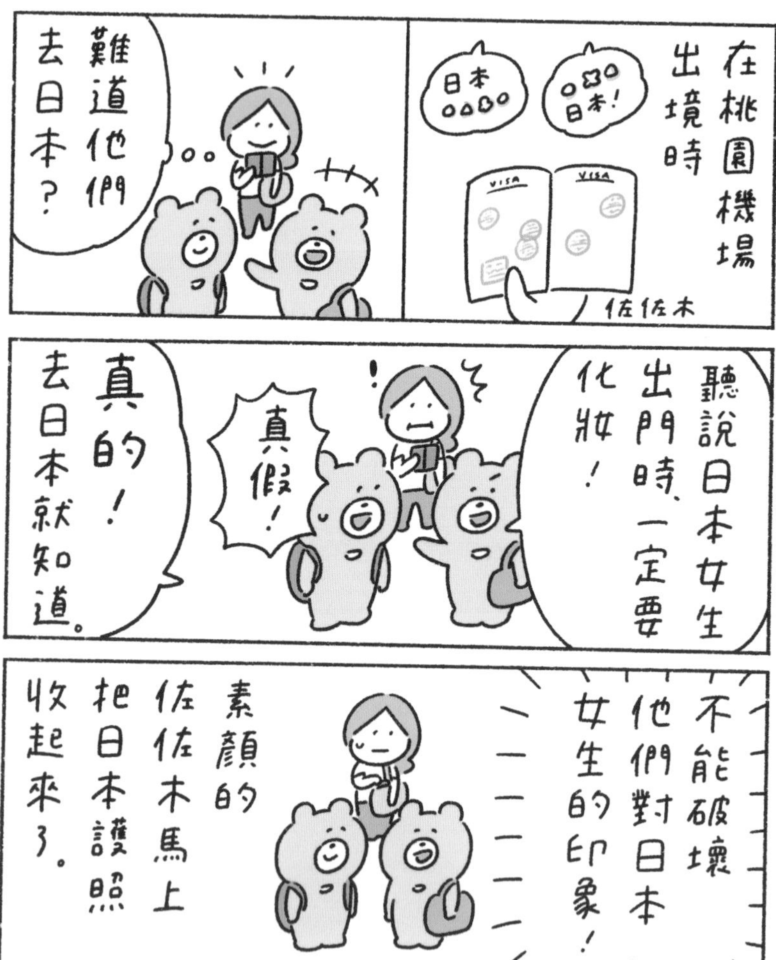

在桃園機場出境時
日本
日本！
VISA
VISA
佐佐木
難道他們去日本？
聽說日本女生出門時、一定要化妝！
真假！
真的！去日本就知道。
不能破壞他們對日本女生的印象！
素顏的佐佐木馬上把日本護照收起來了。

東京

在東京跟朋友們去了淺草。

哇！這裡很東京！

すごい！

很冷靜の住在東京的朋友們→

台湾

台灣!?

欸！有台灣的雞排吧～～！

還有台啤！

台湾からあげ

要吃嗎!?

有台啤！

為什麼她住台灣、在日本要吃雞排？

我也是

假裝

我在哪？

在日本從機場坐火車去京都時
久違的日本！好懷念喔～。……嗯？
對啊！我們先去飯店寄行李……
你不要理他！他很無聊欸！
中文!?
中…
周邊的人
都是台灣人！
應該我們搭同一班機來日本！

我的日文很棒

在日本坐接駁車時

台湾の人いますか？
（有沒有台灣人？）

台灣!?
タイワン！

台湾から来ました！
（我們從台灣來！）

日本語上手だね！
（妳日語講得很好！）

聽到沒！他說我日文講得很好！

……

阿里嘎多

請問、直走就可以到〇〇路嗎？
不會喔！
那怎麼走呢？
えっと…
……等一下在那邊右轉然後……直走！
好！
阿里嘎多！
ありがとう
果然被發現我是日本人！

我所認識的佐佐木①

From：讓我認識紙包雞美味的前室友

我永遠記得，初次見面時我得了重感冒，那天晚上她從窗簾縫隙輕輕遞了喉糖給我。

後來一起住的日子裡，我經常在桌上收到她留下的對話小紙條，有次半夜下班回到家，桌上放著一碗爆米花，紙條寫著：「辛苦了！」搭配一如往常的插圖，當下真的不禁笑出來，太好玩了，雖然有點怪。

每天看佐佐木畫著畫著，便覺得她真的自帶光芒，不是刺眼的那種，而是柔和地溫暖著身邊的人。

我覺得佐佐木是個聽得見自己內心聲音的人，懂得生活、照顧自己，同時又會用獨特的方式（？）照顧朋友。

和她在一起總是自在又開心，隨時能品味到日常趣味的她，讓我也試著打開五感，和她一起感受每個當下，有趣的日子就是這樣來的吧！

——紙包雞好朋友

好想哭……

我一直覺得我人不好，我的朋友們一定會覺得我不好相處。

謝謝妳肯定這麼不完美的我。

我永遠不會忘記我們一起在台北生活的時光。

多虧了妳我天天過得非常幸福。

下次妳感冒的時候請跟我說，我會再給妳 100 個喉糖！

2

佐佐木
說什麼？

愛上中文的佐佐木，哩咧供蝦毀……

我還是大學生的時候，
第一次接觸到中文。
當時的我，其實沒有明確的目標。

←

即使如此，雖然我沒有學到什麼。
但印象很深刻，
老師對我說：
「佐佐木，妳的發音很不錯！」

←

我相信老師說的話，
開始決定認真學中文，輕輕鬆鬆決定了！

←

結果——
發音實在太難了！

想到我剛到台灣時中文還不夠好，
每天都用英文跟外國同學們溝通。

上課時，
我一天大概念了八個小時的書。
一年後，
我的中文能力已經能夠
在台灣找工作的程度了。

←

至今透過工作與粉絲專頁的留言學中文。
但我佐佐木的中文會不會進步呢？
讓我們繼續看下去

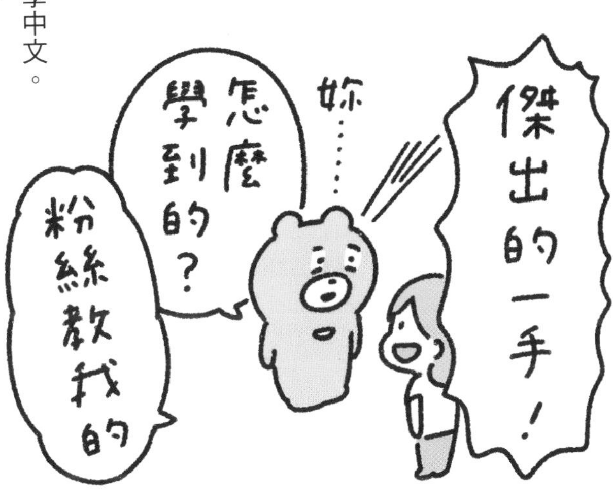

迴力鏢

妳胖了吧！
哈哈
干你屁事！你也胖了吧！
妳很漂亮！
你也很漂亮！
妳的漫畫很無聊。
謝啦
以後不想支持他……
我支持妳！
加油！！
我也支持你！一起加油吧!!
你會說出什麼也會得到什麼。
言語是迴力鏢。

味道

吃藥

聽不懂不等於台語

節日？

半個半個

新聞

回來了！
室友
欸！我有不好的新聞！
不好的新聞!?
嘿啊
我們的床包還沒乾……
什麼啊……原來是這樣啊。
應該說「消息」吧。
難道我說得很誇張嗎？
對

去花生吧

你想去花生嗎？

哪裡？

花生啦！

花～生～～！

是「華山」嘛！

對！花生！

華山

漢字

哇！妳會寫漢字喔！很厲害！
為什麼台灣人常常這樣誇獎日本人？
跟日本人說「能寫漢字很厲害」
就跟台灣人說「用筷子吃飯很厲害」一樣！
我的名字「佐佐木」、日本的「日本」都是漢字吧!?
哪裡厲害

聽錯①

玩寫漢字時

一ㄡ ㄩ

很簡單！

難道你不會寫嗎？

寫好了！

是「憂鬱」不是「魷魚」啦！

がーん

魷魚

憂鬱

聽錯②

你們今天去了哪裡呢？
宜蘭！
我還沒去過！你們幾點去的呢？
12點左右？
12點!?那你們應該排很久了吧！
排……？
後來發現了他們去的是宜蘭、而不是一蘭。

聽錯③

打我！
室友↓
!?

她在等我……
?
WHY…
啪

什麼！
!?
!?
妳不是說「打我」嗎？
我說、好久沒洗衣服、妳會不會打我~~~！
ぎゃー

幻之炸雞

下課

第一次上中文課時

老師！我為了改善中文發音、決定重新學中文！

但台灣人覺得日本人的口音很可愛、所以妳不要緊張！

老師!?

老師！我可以下課了！

母湯

佐佐木請坐下。

注音

ㄅ……ㄆ……
ㄇ……ㄈ……ㄉ……

ㄆㄨ

ㄏㄚ ㄏㄚ

!

佐佐木
哩咧供蝦毀

I ♡ 佐佐木news
佐佐木一級棒

章魚腳

這個叫什麼？

忘記了……

延長線？

章魚腳。

!?

章魚腳！

是日文嘛！

對～！日文叫「タコ足」。

說錯

去嘉義時
室友的家人
招待火車票
見到室友的
家人、要說
謝謝！

要說謝謝！
要說謝謝！
要說謝謝！

你好！
我是佐佐木！
謝謝機票！
是火車票啦！

在工作學到的東西

えっへん！
讓我們繼續看下去！
盛竹如!?

對！
妳怎麼知道!?

上班時、同事教我～！
可以認真工作嗎？

喝酒①

喝酒②

在日本壓力很大、無法忍住不喝酒。

壓力
酒

我在日本每週跟朋友喝酒一、兩次！

順便說一下、佐佐木老師最喜歡啤酒。

可是妳在台灣也常常喝酒吧。妳有很多壓力嗎？

很開心、就要喝酒啊！

下課！

佐佐木只是想喝酒而已。

喝酒③

靠朋友

在台南

很多人推薦去「國華街」！

我們有安排去嗎？

就是我們剛剛去的地方嘛。

……是喔

嘿啊

走路

我所認識的佐佐木②

From：教我「讓我們繼續看下去」的同事（朋友）

如果要我分享佐佐木是個什麼樣的人，
我可以非常肯定的說，她和她漫畫中的那位佐佐木一樣，
是個可愛、天然、有想法，而且真的很愛吃八方雲集的人。

在工作上的佐佐木，是個相當可靠的同事。
遇到各種問題她都會伸出援手，
休息時間也會一起喝杯咖啡，偶爾幫她想一些新的漫畫哏。

很喜歡能看到從她的角度看到的台灣日常點點滴滴，
身為一位台灣人，也非常榮幸她能這麼喜歡台灣（跟八方雲集）。

──佐佐木的同事（朋友）

我看妳的文章才發現妳以為我是天然吔。我哪有天然啊。
哈哈。
跟妳一起喝咖啡（雖然是線上活動 XD）的時間那是上班時
最療癒的時間。
我很喜歡跟妳用中文 & 日文來聊天。
覺得用兩個語言聊天的我們很厲害（請讓我老王賣瓜），
也自由自在。
謝謝妳教我很多不重要但又重要的台灣人才知道的哏！
這些哏讓我更接近台灣人。

我所認識的佐佐木③

From：我最愛的中文老師

算算時間，我應該是佐佐木認識最久的台灣人之一吧！

從她的中文老師，慢慢變成好朋友和粉絲，所以今天我要從不同的角度來說說我眼中的佐佐木。

以中文老師的角度，佐佐木是我們最喜歡的類型的學生了！總是懷抱著開放的態度跟不同國家的朋友交流，語言能力也在無形之中提升許多。看著她從初級班的中文學生，一路進步，甚至在台灣工作、用中文創作，身為佐佐木的老師，真是替她感到驕傲！

以喜愛日本文化的台灣人角度來看，佐佐木不但有日本人的貼心細膩，在「台灣化」了以後，還多了一種台式的豪爽幽默，這點從她的創作中更能感受出兩種個性的巧妙融合。

最後是以粉絲的角度，我真是太喜歡她創作中的角色設定了！雖然不認識真實的人物，但彷彿能從他們的個性和表情推敲出現實世界的他們。佐佐木果然具有創作者與眾不同的觀察力啊！

不管以哪個角度來看，都有佐佐木認真生活、認真創作的紀錄，所以她的新書一定要無條件支持！

——陳老師

謝謝老師一直支持我（QQ）因為妳是我的中文老師，
所以我才能認真學習。
我當時每天念了 8 個小時耶！
雖然老師給我們的功課不少，每週還要報告一次，
覺得很痛苦，但一邊覺得學中文很好玩。
謝謝妳讓我喜歡中文！中文讓我的世界更寬廣！

3

佐佐木
吃什麼？

真正來到台灣旅行的「理想與現實」

從英國留學回來後，
二〇一一年三月十一日
日本東北發生了大地震。
當時的我在東京過得很不安，
電視都是很難過的新聞。
全世界都在為日本加油，特別是台灣。
很多朋友跟我說為什麼日本人到現在
都還在感謝台灣啊……
我想，台灣人不知道
那時候不知道未來會如何的日本人，
心裡接收到很多鼓勵。

日本加油

台灣！
我想去台灣跟朋友們說謝謝！
那時候日本開始「瘋台灣了」
（我也是其中之一。）

我第一次去亞洲旅遊，
我會講英文，
應該沒有問題吧。

快到台灣桃園國際機場時，
從飛機上看到很多煙火……

難道台灣在歡迎我嗎!?（不）

因為看到煙火，
讓我心裡很開心。
難道我在台灣會有好事發生？

←

（幾年後，才發現其實
那是中秋節的煙火。）

終於到了台灣。
但——

原本我以為
中文是漢字，
應該大概看得懂。

這裡是美國嗎？
為什麼東西都很大？

←

因為不知道要去哪裡吃早餐，所以決定問青年旅館的員工。

他帶我去吃台式早餐。但這家早餐店太「在地」了，我完全不知道要怎麼點餐，怎麼結帳……

然後他就離開了，
並祝我玩得愉快。

我確認他走遠了，
才悄悄離開。

如果有時光機的話，
我想回去告訴當時的我。

嘿，佐佐木，
這家的鍋貼很好吃喔，
如果要吃火鍋的話，可以選這一家；
另外夜市一定不可以錯過，
還要喝木瓜牛奶，西瓜汁也很好喝，
還有還有還有還有……

香蕉

英國留學時
英國的香蕉又貴又不好吃。
是喔～
台灣的香蕉多好吃呢？
來了台灣後
台灣的香蕉又好吃又便宜！
難怪朋友說、想台灣的水果。
話說……
住在外國的台灣人怎麼活下去……
沒有臭豆腐、鴨血、百頁豆腐、八方雲集、三媽、石二鍋……

美食的天堂

鹽酥雞①

在家跟室友們一起吃飯時
叫外送的鹽酥雞來了！
買了鹽酥雞！……你們也買了嗎!?
わーい!

結果超多鹽酥雞的。
……
太爽了吧!!
很highの台灣人

拍照拍照！
我們在台灣隨時買得到鹽酥雞、台灣人太可愛了吧！

鹽酥雞②

走路時

有鹽酥雞的味道！附近一定有店！

買！

在哪……

原來是走在前面的人的味道。

在吃鹽酥雞→

黑皮

賞花不如吃湯圓

吃貨

在外國認識台灣人時
妳住在台灣的哪裡～！
台北！
我也住台北！妳住台北的哪裡!?
那邊有好吃的早餐店！妳知道嗎!?
不知道
台灣人真的是吃貨！

幸福在台灣

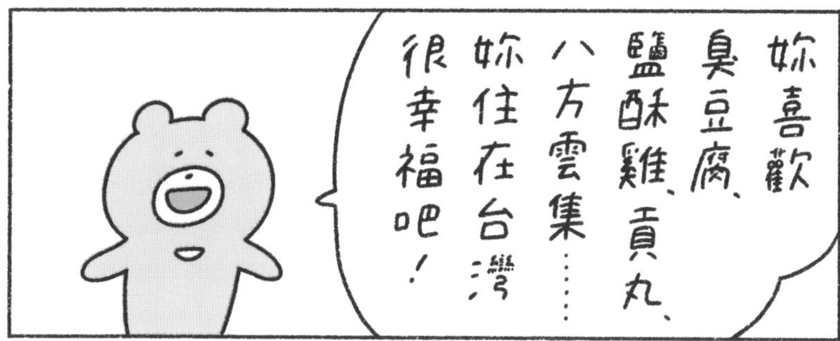

線上烤肉

你中秋節烤肉了嗎？
有。
在線上！
……線上？
對啊～。在PTT烤肉。
就是每個人假裝一起烤肉、然後說像是「香腸烤好嘍」「誰吃了我的棉花糖？」
蛤？

劈腿

妳很喜歡八方雲集、那妳吃過四海遊龍嗎？

沒有。

假設你有男朋友、你還會去相親嗎？不會吧。

就是這樣。

妳……在說什麼……

不知道。

空心菜

巧克力口味の茶

在熱炒店

我想喝巧克力口味的茶！

什麼東西？

不知道。

麥仔茶？

はい！

確……確實有巧克力的味道！

對吧！

記者會

我……佐佐木……
雖然住台灣4年了……
到目前為止從來沒吃過
大腸包小腸。
真假!?
妳沒吃過大腸包小腸
然後妳說妳愛台灣!?
妳現在心情怎麼樣!?
佐佐木!
大腸包小腸!
很好吃!
一個禮拜吃2次了!

真的好吃嗎？

不錯。
好吃！
おいしい
……不好吃嗎？
還不錯。
看起來還好、再一次！
TAKE 2
好吃……
你很不會演啊！再一次！
好吃……

阿里山

醫生的建議

去看醫生時
不要吃西瓜、哈密瓜喔。
對喉嚨不好
想吃……
不行不行

珍珠奶茶等冰的東西也不行！
WOW～
珍珠奶茶！
好久沒喝

我要一杯珍珠奶茶！
醫院

掛號

尊重

第一次吃
外國食物時
一定要表現
尊重！
?
特別在
朋友的老家！

拿一點點
根本不值
一談！
大
塊
才對吧！

佐佐木吃了
大塊豆腐乳！
好……
好吃！

外星人

妳有沒有不喜歡的台灣菜？
沒有。大部分的菜都喜歡、

但雞腳……真的沒辦法。看起來很像外星人。
每次看到它就想起來一部電影……

啊！的確有點像？

日台友好

鄰居

吵架

帶日本朋友觀光台北時、

如果有兩個愛台灣的日本人、

想吃小籠包的話……

會吵架。

去那家！

不行！

我想讓他吃另一家！

真的會。

真的。

佐佐木的祕密

我所認識的佐佐木④

From：超愛台灣的委內瑞拉朋友

第一次遇到佐佐木小姐是在中文學校認識她的，一看到她就很清楚看出她來自日本，也以為她的年紀跟我一樣，不過，後來才發現她其實比我大幾歲，希望未來我到佐佐木的年紀時，也可以看起來那麼年輕。

跟佐佐木學中文其實滿有意思的，記得第一次聊天，她跟我講日文的第一句話，「Urusai」，我完全不知道那句話是什麼意思，佐佐木跟我講是「可愛」的意思，我也一直相信。結果，過了幾個月後才發現原來她一直在騙我！那個字的意思是「不要講話／麻煩／吵鬧」，我發現佐佐木跟我講話那麼不客氣，就開始喜歡她了！從那時候起我們就變成比較熟的朋友。

跟佐佐木學中文半年後，我到台大高等華語學校繼續學習中文。同時佐佐木留在語言中心學習中文。在台大畢業後我到淡江大學學習國企，佐佐木開始在台灣工作，所以有一段時間我們很少見面。有一天（二〇二〇年左右）在忠孝復興站遇到佐佐木，好像看到了一個很久之前的好朋友。

後來因為工作和個人發展的關係，決定搬回美國佛州。我很想念和佐佐木去臺虎的酒吧喝幾杯，也吃好多玉米片，想念跟佐佐木聊到很多人生的故事，也想念跟佐佐木笑到臉部會痛！

無論如何，我很感激有機會認識那麼完美的一個人，希望很快有機會再次跟佐佐木見面。

——委內瑞拉朋友

開心就好！

你是我遇到過最快樂，最瘋狂的朋友。
我很感謝過去的我們決定來台灣。
好開心能夠認識你，也很開心那一天在路上遇到你。
不管你在哪，我希望你每天過得快樂！好期待再見你！！

4
佐佐木的感覺

在台灣旅行之後，好像更愛台灣了……

我到台中見朋友。

我請在地的朋友
帶我去他們推薦的地方。
「佐佐木，這裡是中友百貨。」

我們去了中友百貨
每一層樓的「廁所」！
朋友說這裡的廁所
每一間都設計不一樣。

雖然也是滿好玩的，
但參觀廁所……
感覺很奇妙。

我們開始逛街時，
店員問我是不是日本人？
店員竊竊私語，
讓我以為她們可能不喜歡日本……
但是，正好相反，

原來她們是想跟我說日文。

原來不是被討厭啊！
當時的我，
不知道很多台灣人喜歡日本人。

後來，我一個人去彩虹村的路上，
朋友不在，我就迷路了。

沒想到只是問了路人，
他們竟然說，
走吧，我們一起去。

陌生人就這樣帶我去彩虹村。
雖然語言不通，還請我吃冰棒。

回市中心坐車時，
想跟在座位旁的人聊天，
我翻著旅遊書後面的中文例句，
想跟她多聊聊天。

我說了——

沒想到她給了我
用塑膠袋裝的紅茶。

我第一次看到裝在塑膠袋的飲料，
喝著紅茶，
心裡想，
怎麼台灣人那麼好……

我更喜歡了①

我更喜歡了②

佐佐木阿嬤

西瓜與南瓜

鄰居

外面很吵……
已經凌晨一點了……
天啊~
哈哈！
可以小聲一點嗎!?
鄰居……很棒！
很多日本人怕造成麻煩不會直接說。台灣人真棒！
室友
啊……那是我欸。
妳!?

毛手毛腳

※吵吵鬧鬧。

被害者

※別說了，別這樣。

習慣

沒有哏時

考慮一下

日本人×日本人
考慮一下。
は－い
可能她不想做。不要再問好了。

日本人×台灣人
考慮一下。
好喔！
幾天後

那個，我上次跟妳說的，妳要去嗎？
え－と……
以為已經拒絕了→

什麼都知道

台灣化

口罩

自痴喔！
哈哈
怎麼了？
我第一次帶了黑色的口罩、
感覺我又更靠近台灣人了。
※日本一般的口罩是白色
自痴喔。
我想去追風。
去啊！

台灣之星

回家的感覺？

喜歡？不喜歡？

台灣很冷

冒險

楊桃樹

有楊桃……
!
有楊桃樹!!
おお!
我們家門口有楊桃樹吧!你不覺得很浪漫?
←誤
什麼鬼……
楊桃會掉在地上沒人去撿。
然後就會爛掉長蟲變很臭。

伴手禮

為什麼

供品

啪！

我所認識的佐佐木⑤

From：人太好到讓我覺得好可怕的第一個台灣朋友

跟佐佐木是在 Canterbury 認識的，我們是同班同學。

第一印象是，哇好漂亮的日本女生，而且英文也太好了吧！

漸漸熟了之後，才覺得佐佐木其實沒有外表高冷，是個很有想法，很敢表達意見，而且清楚知道自己目標在哪裡的女生。我們的緣分從英國開始，一直延續到日本。

後來我也去了東京念書，落地後，所有的大大小小事，佐佐木全部都把我照顧得好好的。

開學前帶我去看學校，陪我走去辦入籍的市役所。跟她抱怨租屋處好冷，冷到受不了，佐佐木便買了電熱毯給我（淚）。佐佐木爸媽還帶我去佐原玩。一切的一切，都讓我覺得，有佐佐木真好！當佐佐木跟我說她想到台灣發展的時候，真的好開心，一方面非常感謝她如此喜歡台灣，一方面也覺得她好勇敢！佐佐木就是一個，永遠讓人驚艷，一直在進步，朝著最好的自己的方向前進的女生。雖然已經告白過很多次了，但我還是想要再告白一次：佐佐木，我以妳為傲！！！

——第一個台灣朋友

漂亮，英文很好的佐佐木？是我嗎？ XD
如果妳覺得我對妳好，那是因為妳對我好。
謝謝妳讓我喜歡台灣！也謝謝帶我去中友百貨公司的廁所！

番外篇

第一次來台灣，就有人問我，妳的夢想是什麼？

我以為只有我在英國認識的台灣人很奇怪。台灣人對你好難道都是有其他目的嗎？我一直有這樣的懷疑。

結果，我在台北101，遇到讓我永遠難忘的事。

當我在觀景台時，
看見傳說中的魔幻時刻，
心裡正在讚嘆「台灣好美」……
突然，
當時一個員工來跟我打招呼。

←

我們聊了一下後，
他竟然問我：
「妳的夢想是什麼？」

我的夢想——
我想成為有名的插畫家。

他很熱情跟我說：
「妳的夢想會成真！」

我不知道為什麼一個陌生人會對我這樣說？
一直到現在我的心裡都認為那個人是老天爺派來告訴我，
我在台灣可以過得很開心。
就像在台灣上空被煙火歡迎一樣，
不管是誤會也好，是錯覺也好，
我，佐佐木展開在台灣的生活，
好心情、壞心情，都可以發現彩虹就在我們身邊。

蝸牛

過去

世界末日

溫柔

什麼都不做、
生命值也漸漸
下降的日子。
可能我們
大家中毒了吧。
佐佐木
HP100
-5
-5
-5
-5
-5
-5

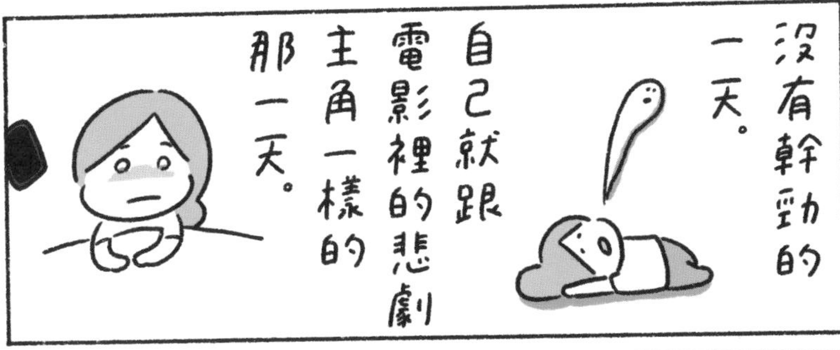
沒有幹勁的
一天。
自己就跟
電影裡的悲劇
主角一樣的
那一天。

那時才會
深深地感受到
陌生人的溫柔。

好事

最後

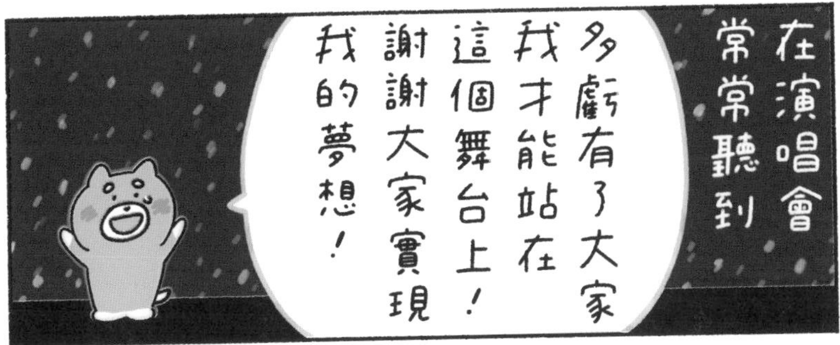

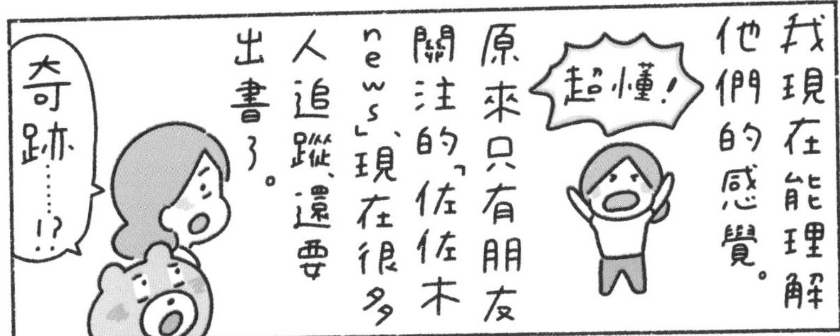

誰能想像我能出書呢？

（可能只有台北101的命運之神？）

我想真心地跟大家說、

謝謝你們讓我實現夢想！

今後佐佐木會加倍努力將大家帶給我的歡樂播出去！

Q & A

/ 佐佐木 news 快問快答 /

★ 佐佐木第一次嘗試快問快答。
如果回答的中文有的很奇怪，還請讀者多多包涵。

★ 挑選的題目是根據佐佐木粉絲專頁，粉絲對佐佐木最好奇的題目來回答，如果還有讀者想更進一步了解佐佐木，請掃描以下 QR Code，留言給佐佐木。
よろしくお願いします！

佐佐木 news 粉專

呃……為什麼我會在這？

讓我介紹一下，
這位是被我叫毛手毛腳的朋友。

請介紹一下妳自己？

我是佐佐木。住台灣 7 年的日本人。
喜歡八方雲集。
通常在臉書 po 漫畫。

這是妳在台灣出版的第一本書？

對，從好久以前就開始計畫，
已經過了──嗯，三年嗎？

那我們開始 Q & A 吧！
看看讀者問什麼問題。

讀者Q&A

：「妳出生日本？」

：「日本東京。」

：「佐佐木為什麼來台灣？」

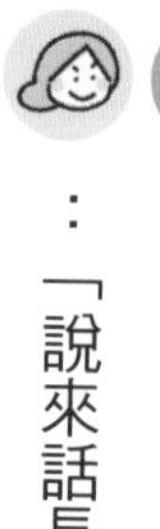：「說來話長，簡單地說，決定來台灣留學的時候，是我想逃避日本的生活，然後那時候剛好我對中文學習有興趣，所以就決定來台灣。」

：「來到台灣，什麼事讓妳印象最深刻呢？」

：「讓我印象最深刻的是台灣人的溫柔。大家願意幫我帶路，還有人請我吃冰棒，還有阿嬤上捷運時，我身邊有五個人左右的乘客同時站起來讓座！」

：「佐佐木除了八方雲集還喜歡什麼台灣食物？」

：「臭豆腐、炒米粉、涼麵、四神湯、海瑞貢丸、度小月的擔仔麵、牛肉湯、鍋燒意麵……還有台南美食。」

：「對了，這次有很多八方雲集相關問題。妳覺得八方雲集哪個餐點最好吃？」

：「招牌鍋貼五顆，泡菜鍋貼五顆，再一碗酸辣湯。」

：「什麼時候要和八方聯名呢？」

：「八方雲集桑！お願いします。」

：「來問一下漫畫相關的問題。想問作畫方式用什麼工具？」

：「我都用 iPad 來畫畫，用 procreate 來畫。」

：「什麼時候開始喜歡畫畫？」

：「從小喜歡，因為阿公畫油畫，所以受到他的影響了。」

：「頭髮為什麼是藍色的？」

：「我想讓佐佐木看起來像個漫畫人物，所以選了比較特別的顏色。」

：「佐佐木跟動物朋友們這個角色發想是？」

：「每次登場的人都不一樣，每次畫人物太花時間。所以我就決定讓除了我之外的登場人物動物化。」

：「佐佐木最喜歡的三部漫畫是什麼？」

：「《蜂蜜幸運草》《樂與路》《國王排名》。」

：「會不會推出LINE貼圖？」

：「歹勢。我已經說要推出好幾次，但還在準備中。」

：「請問佐佐木會不會辦見面會？希望可以出動物系列周邊！（一起問兩個問題）」

：「見面會有可能明年有機會？關於周邊商品，我已經有想法，但還沒動手。」

：「沒哏的時候都怎麼辦？」

：「出門走一走，或放棄。」

：「請問佐佐木最不喜歡台灣的什麼呢?!（很少外國人會說所以好好奇啊）」

：「↑它，蟑螂。」

：「佐佐木小姐眼中台灣人最不可思議的事？」

：「不可思議……吃麵線的時候，為什麼你們不用筷子呢？
都用這個↓（湯匙）」

：「最後還想對讀者說什麼嗎？」

：「真感謝一直支持我的大家！我繼續努力加油～～
これからも応援お願いします！」

這本書是我在台灣生活的見證，也充滿了我和大家的回憶。
每一則漫畫的背後都有屬於它的故事，
現在想起來還是深深地覺得我在台灣的生活是多麼幸福。
感謝我在台灣所遇到的每一個人！

この本は私が台湾で暮らした証で、
みんなと過ごした思い出がつまっています。
漫画一つ一つに思い出があって、
私の台湾生活は本当に幸せなものなんだな、と今改めて思います。
台湾で出会った全ての人に感謝の気持ちを込めて。

zuozuomu.

Titan 148

佐佐木哩咧供蝦毀

佐佐木 news 愛台報導

填回函雙重禮
①立即送購書優惠券
②抽獎小禮物

文字繪圖｜佐佐木
出版者｜大田出版有限公司
台北市一〇四四五中山北路二段二十六巷二號二樓
E-mail｜titan@morningstar.com.tw http://www.titan3.com.tw
編輯部專線｜（02）2562-1383 傳真：（02）2581-8761
總編輯｜莊培園
副總編輯｜蔡鳳儀
行銷編輯｜藍婉心
行政編輯｜楊雅涵／鄭鈺澐
校對｜黃薇霓
內頁美術｜陳柔含
初刷｜二〇二二年十一月一日 定價：三八〇元
網路書店｜http://www.morningstar.com.tw（晨星網路書店）
TEL：（04）23595819 FAX：（04）23595493
購書Email｜service@morningstar.com.tw
郵政劃撥｜15060393（知己圖書股份有限公司）
印刷｜上好印刷股份有限公司
國際書碼｜978-986-179-767-0 CIP：947.41/111013813

國家圖書館出版品預行編目資料

佐佐木哩咧供蝦毀：佐佐木 news 愛台報導／佐佐木文字・繪圖. ——初版——台北市：大田，2022.11
面；公分. ——（Titan；148）
ISBN 978-986-179-767-0（平裝）
947.41 111013813